TIME
FOR KIDS

# Mira adentro:
# Tu corazón
# Y tus pulmones

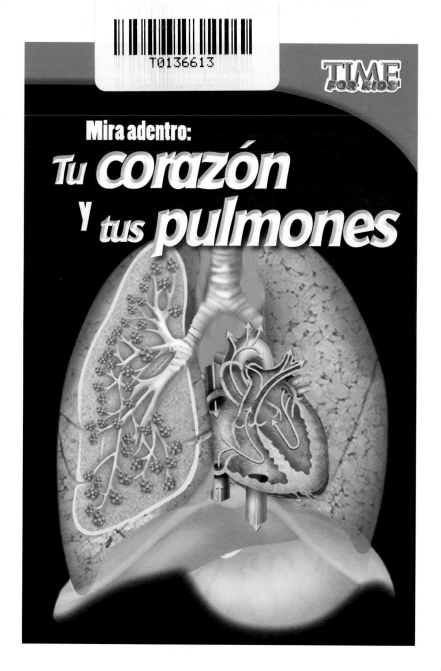

**Ben Williams**

## Asesor

**Timothy Rasinski, Ph.D.**
Kent State University

## Créditos

Dona Herweck Rice, *Gerente de redacción*
Robin Erickson, *Directora de diseño y producción*
Lee Aucoin, *Directora creativa*
Conni Medina, M.A.Ed., *Directora editorial*
Ericka Paz, *Editora asistente*
Stephanie Reid, *Editora de fotos*
Rachelle Cracchiolo, M.S.Ed., *Editora comercial*

Basado en los escritos de *TIME For Kids*.

*TIME For Kids* y el logotipo de *TIME For Kids* son marcas registradas de TIME Inc. Usado bajo licencia.

## Teacher Created Materials

5301 Oceanus Drive
Huntington Beach, CA 92649-1030
http://www.tcmpub.com

### ISBN 978-1-4333-4457-2

© 2012 Teacher Created Materials, Inc.
Printed in China
YiCai.032019.CA201901471

# Tabla de contenido

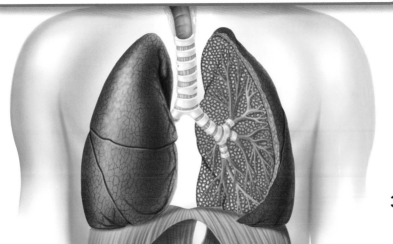

# Un lugar de mucha actividad

El mundo es un lugar de mucha actividad. La gente trabaja, juega, va y viene. Siempre está pasando algo.

El mundo exterior es un lugar de mucha actividad. Pero hay otro mundo

de gran actividad, uno que no puedes ver.
En tu interior, debajo de la piel, el cuerpo
nunca deja de trabajar. La **sangre** fluye
por el cuerpo. Entra y sale aire.

# Un equipo importante

El corazón y los pulmones descansan cómodamente dentro del pecho en medio de esta actividad. Forman un equipo muy importante. Trabajan juntos a todas horas del día para enviar al cuerpo el **oxígeno** y los alimentos que necesita. Ellos te cuidan. Debes asegurarte de cuidarlos muy bien.

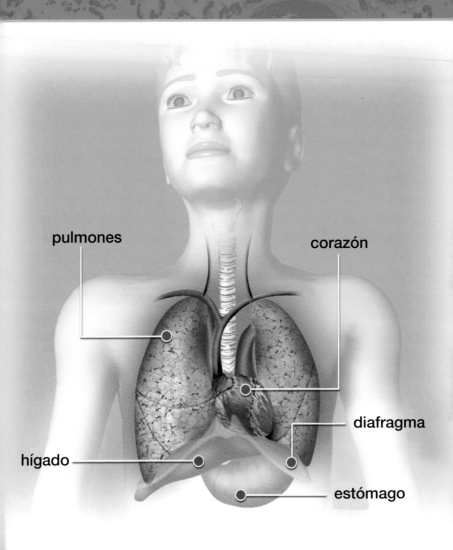

pulmones

corazón

diafragma

hígado

estómago

# El corazón y cómo funciona

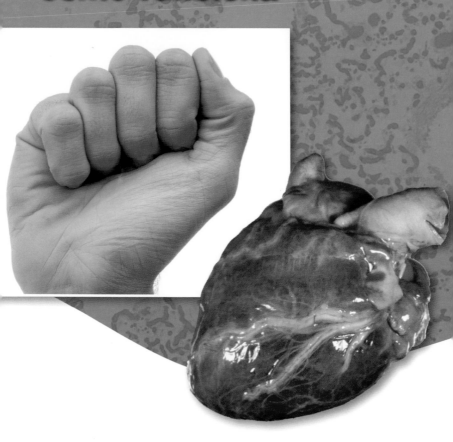

El corazón está en el pecho, entre los pulmones, ligeramente a la izquierda del centro. Tiene más o menos el tamaño de tu puño.

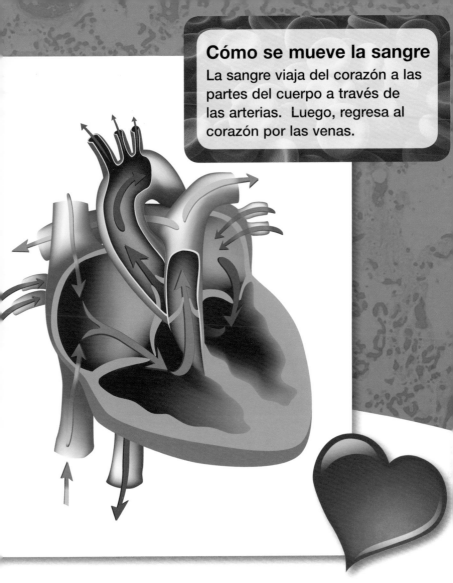

**Cómo se mueve la sangre**

La sangre viaja del corazón a las partes del cuerpo a través de las arterias. Luego, regresa al corazón por las venas.

La gente representa al corazón con una figura en particular. Pero esta figura no se parece en nada a un corazón real.

9

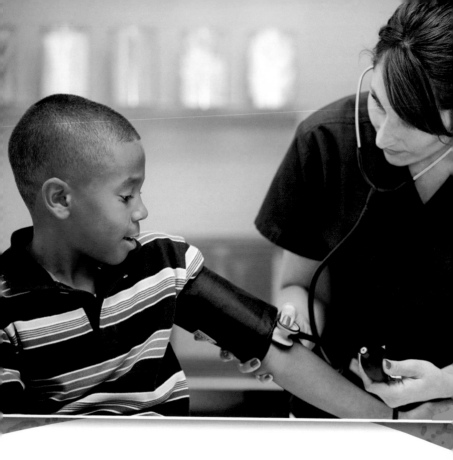

El corazón bombea sangre por
el cuerpo. La sangre lleva oxígeno a
las **células**. Los seres vivos necesitan
oxígeno. Si no lo tienen, se mueren.
Cuando las células reciben el oxígeno,
la sangre regresa al corazón por más.
Luego, la sangre es bombeada otra vez.

## Latidos

¿Sabías que el corazón late unas 100,000 veces al día? Funciona de manera automática. No es necesario pensar para que tu corazón lata.

## Presión sanguínea

Cuando vayas al doctor, el enfermero chequeará la presión sanguínea con un estetoscopio y un manguito de presión sanguínea. La hipertensión puede causar problemas de salud muy serios como un fallo cardiaco o una apoplejía.

Entra y sale, entra y sale. Así bombea sangre el corazón.

**Gráfica de latidos reales**

Pon la mano sobre el corazón.
¿Sientes algo? Son los latidos. El
corazón late al bombear la sangre.

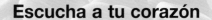

### Escucha a tu corazón

No puedes poner el oído contra el pecho para oír los latidos de tu corazón. Sin embargo, puedes utilizar un estetoscopio. Un estetoscopio es un instrumento especial, con dos auriculares conectados a una larga manguera y una pieza plana en el extremo de ésta. Al colocar la pieza plana sobre el pecho y los auriculares en los oídos, puedes oír con claridad los latidos del corazón.

El corazón late con un sonido doble. Si escuchas los latidos del corazón, primero oirás un sonido suave y luego uno más fuerte. Sonaría así: pum, PUM, pum, PUM.

¿Cómo funciona el corazón?
Observa la figura. La sangre llega al
corazón desde los pulmones. Después, el
corazón bombea la sangre a las **arterias**.
Después de transportar el oxígeno, las
**venas** llevan la sangre de vuelta al corazón.
La sangre entonces pasa por los pulmones
para abastecerse de nuevo con oxígeno.

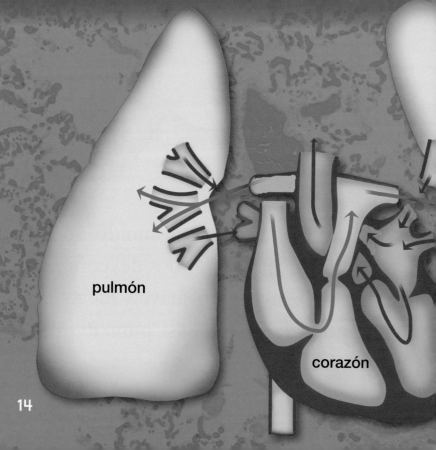

pulmón

corazón

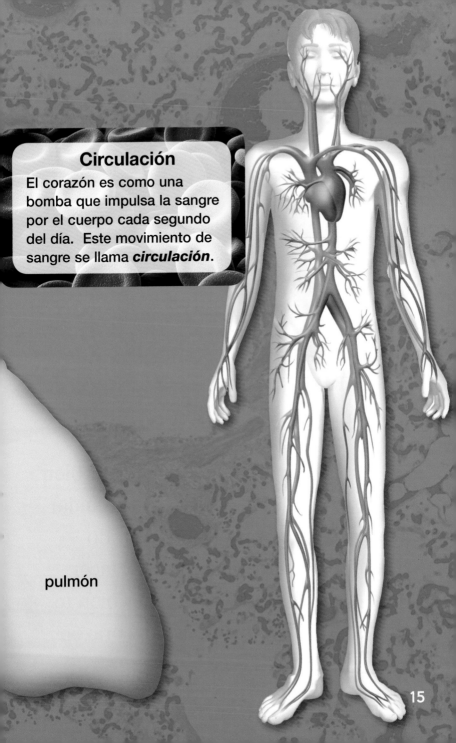

## Circulación

El corazón es como una bomba que impulsa la sangre por el cuerpo cada segundo del día. Este movimiento de sangre se llama *circulación*.

pulmón

15

El cuerpo no puede funcionar bien
con un corazón enfermo. Debes cuidar
tu corazón muy bien para que todo
el cuerpo se mantenga fuerte. Hacer
ejercicio todos los días y comer bien te
pueden ayudar a mantener tu corazón
sano.

# Los pulmones y cómo funcionan

Los dos pulmones están en el pecho, a ambos lados del corazón. Parecen esponjas suaves y húmedas de color rosado grisáceo.

Inhala profundamente, y podrás ver cómo se hincha el pecho. Esto sucede porque los pulmones se llenan de aire. Exhala y tu pecho se contrae al soltar el aire.

### Respirar

Como en el caso de los latidos del corazón, no necesitas pensar para respirar. El cuerpo respira en forma automática.

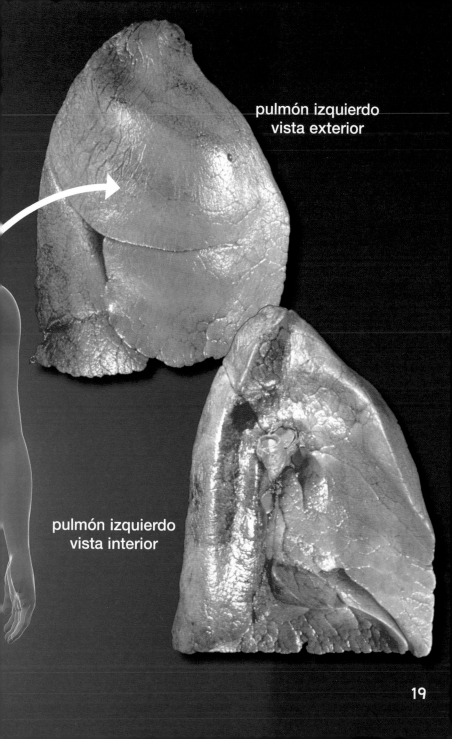

pulmón izquierdo
vista exterior

pulmón izquierdo
vista interior

¿Por qué necesitas respirar? Respiras para obtener oxígeno. El aire inhalado por la nariz desciende por la **tráquea**. La tráquea dirige el aire por tubos que parecen las ramas de un árbol invertido. Estos tubos se llaman **bronquios**. Extraen el oxígeno del aire y lo envían a la sangre.

El cuerpo sabe cuánto aire necesita. Si corres o te asustas, respirarás más rápidamente para obtener más oxígeno.

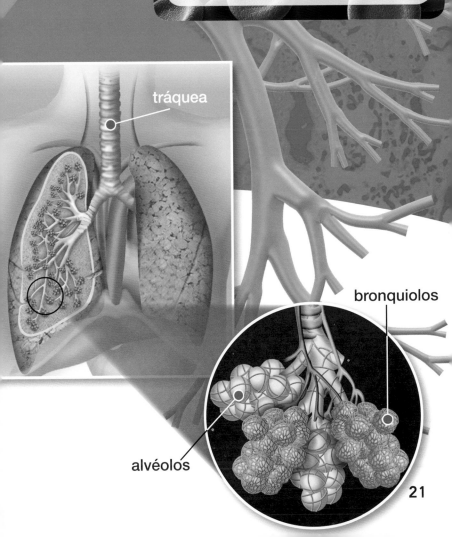

## Cómo respiramos

Los bronquios parecen dos largas ramas que se dividen para formar ramas más pequeñas, llamadas bronquiolos. En las puntas de los bronquiolos hay pequeñas bolsas de aire llamadas alvéolos.

tráquea

bronquiolos

alvéolos

Cuando respiras, la nariz y los pulmones trabajan juntos para humedecer, calentar y limpiar el aire. Los pulmones sólo quieren oxígeno puro y fresco.

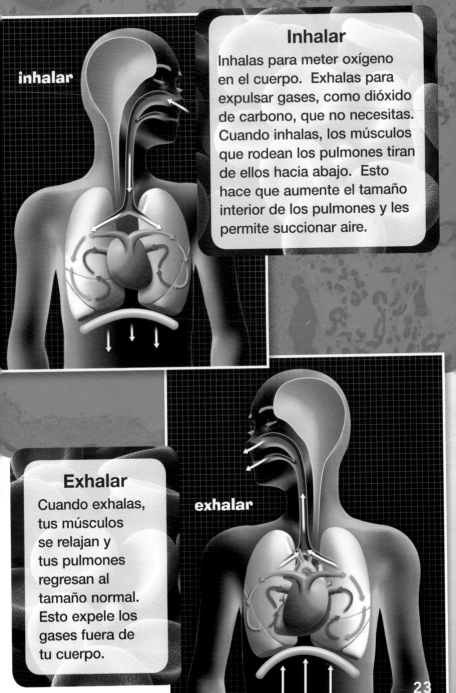

**inhalar**

## Inhalar

Inhalas para meter oxígeno en el cuerpo. Exhalas para expulsar gases, como dióxido de carbono, que no necesitas. Cuando inhalas, los músculos que rodean los pulmones tiran de ellos hacia abajo. Esto hace que aumente el tamaño interior de los pulmones y les permite succionar aire.

**exhalar**

## Exhalar

Cuando exhalas, tus músculos se relajan y tus pulmones regresan al tamaño normal. Esto expele los gases fuera de tu cuerpo.

23

Si hay oxígeno en el agua, ¿por qué los peces pueden respirar bajo el agua pero nosotros no? Los peces tienen branquias que extraen el oxígeno del agua. Nosotros no tenemos branquias. Sólo podemos obtener oxígeno del aire o con la ayuda de un equipo especial.

tanque de buceo

branquia

25

# Corazón y pulmones saludables

¿Qué puedes hacer para cuidar el corazón y los pulmones? Recuerda estos puntos importantes.

- Aliméntate bien. Necesitas una alimentación sana para que tu corazón y tus pulmones estén sanos.

- Haz ejercicio todos los días para mantenerlos fuertes.

- Descansa. El descanso sirve para que el corazón y los pulmones tengan la energía que necesitan.

- Visita al médico para que te revise. Así podrás asegurarte que tu corazón y tus pulmones están bien.

- ¡Sé feliz! Una buena actitud mantiene sanos al corazón y los pulmones.

- ¡No fumes! Al fumar, dañas al corazón y a los pulmones y los fuerzas a trabajar mucho más.

## Edades de los mayores animales conocidos

Edades (en años)

- tortuga gigante — 176 años
- ser humano — 122 años
- ballena azul — 110 años
- esturión — 100 años
- elefante africano — 82 años

Animales

*Las edades son aproximadas.
*No están representados todos los animales.

## Una vida larga

En la gráfica de arriba podrás ver la mayor edad conocida de los seis animales más viejos, entre ellos el ser humano. Si te cuidas, puedes vivir muchos años. ¡Incluso puedes llegar hasta los 122 años! Esta es la mayor edad que se conoce para un ser humano.

# Glosario

**arterias**—los vasos sanguíneos que llevan la sangre del corazón a todas partes del cuerpo

**bronquios**—las dos ramas principales de la tráquea

**célula**—una de las unidades pequeñas que son necesarias para los seres vivientes

**circulación**—el movimiento de la sangre

**oxígeno**—un gas incoloro, insípido e inodoro que el cuerpo humano necesita para vivir

**sangre**—el líquido que viaja por las venas y arterias del cuerpo

**tráquea**—la parte principal del sistema de tubos donde pasa el aire

**venas**—los tubos que devuelven la sangre al corazón